deutsch üben 10

Diethard Lübke

Übungen zur neuen Rechtschreibung

Deutsch als Fremdsprache

Max Hueber Verlag

deutsch üben

ist eine Reihe von Übungsbüchern zu Grammatik, Wortschatz und Rechtschreibung, die als kursunabhängiges Material zu jedem beliebigen Lehrbuch,
aber auch kurstragend benutzt werden können. Bedingt durch die Kon-
zeption, dass in die Übungsbücher hineingeschrieben werden kann, liegt der
Übungsschwerpunkt im schriftlichen Spracherwerb.

Sämtliche Bände sind auch für den Selbstunterricht geeignet.

 Dieses Werk folgt der seit dem 1. August 1998 gültigen Rechtschreibreform. Ausnahmen bilden Texte, bei denen künstlerische, philologische
oder lizenzrechtliche Gründe einer Änderung entgegenstehen.

€   3.   2.   1. | Die letzten Ziffern
2005   04   03   02   01 | bezeichnen Zahl und Jahr des Druckes.
Alle Drucke dieser Auflage können, da unverändert,
nebeneinander benutzt werden.
1. Auflage
© 2001 Max Hueber Verlag, D-85737 Ismaning
Umschlaggestaltung: Parzhuber & Partner, München
Druck und Bindung: Ludwig Auer GmbH, Donauwörth
Printed in Germany
ISBN 3-19-007458-5
(früher erschienen im Verlag für Deutsch, ISBN 3-88532-649-3)

Einführung

Seit vielen Jahren wurde in Deutschland über eine Rechtschreibreform diskutiert. Im Gespräch waren die „Kleinschreibung", die „gemäßigte Kleinschreibung", die „gemäßigte Großschreibung". Nach vielen Kontroversen ist 1996 die neue „Amtliche Regelung der deutschen Rechtschreibung" auch von den politischen Gremien verabschiedet worden. Der Termin für die Einführung der neuen Regeln war der 1. August 1998.

Die neuen Regeln betreffen die Laut-Buchstaben-Zuordnungen (Orthographie), die Getrennt- und Zusammenschreibung der Wörter, die Schreibung mit Bindestrich, die Groß- und Kleinschreibung, die Zeichensetzung und die Silbentrennung.

Die Änderungen im Bereich Orthographie sind verhältnismäßig gering (Ausnahmen und andere Merkwürdigkeiten wurden abgeschafft); sehr schwierig sind die neuen Regeln für die Getrennt- und Zusammenschreibung, weil sie viele Grammatikkenntnisse voraussetzen; einige Vereinfachungen gibt es bei der Groß- und Kleinschreibung (es werden zukünftig mehr Wörter mit großem Anfangsbuchstaben geschrieben); deutliche Vereinfachungen gibt es bei der Zeichensetzung (Kommas) und bei der Worttrennung (Silbentrennung).

Niemand in Deutschland hat sich über die neuen Regelungen der Rechtschreibung gefreut. Jeder Einzelne muss sich an die Neuerungen gewöhnen, die Verlage kostet die Umstellung sehr viel Geld. Trotzdem wird die neue Rechtschreibung ab sofort in den Schulen gelehrt. Ab 2002 wird sie im amtlichen Schriftverkehr und auch sonst überall verwendet.

Dieses Buch gibt mit Erklärungen und Übungen denjenigen, die Deutsch als Fremdsprache lernen, eine Einführung in die wichtigen Aspekte der neuen Regelungen. Wer sich ausführlicher informieren will, verwende die neuen Rechtschreib-Wörterbücher (Bertelsmann und Duden). Dort sind auch die neuen Regeln vollständig und mit Beispielen abgedruckt.

Inhalt

Die neuen Regeln im Bereich der Laute und Buchstaben

1 ss / ß

In den Texten, die nach den neuen Rechtschreibregeln geschrieben sind, fällt am meisten auf, dass häufig ss geschrieben wird, wo bisher ß stand.

Das ß ist ein Buchstabe, den es nur in der deutschen Rechtschreibung gibt. Er ist folgendermaßen entstanden:

In der alten Fraktur-Schrift, die man besonders im 19. Jahrhundert liebte, wurde das s so gedruckt:
ſehen (sehen)
Haus (Haus)

Das scharfe, stimmlose [s] wurde in der Fraktur-Schrift geschrieben mit einem ſ und einem s: ß (= ß, gesprochen: scharfes s / Eszett). Das sollte bedeuten, dass das [s] scharf und stimmlos gesprochen wird wie ein z.

Schreibung des scharfen (stimmlosen) [s]

1. Nach kurzem Vokal schreibt man *ss* statt *ß*.*
   Beispiele: bisschen (das -*i*- wird kurz gesprochen)
   Schluss (das -*u*- wird kurz gesprochen)
   er isst (das *i*- wird kurz gesprochen)

2. Nach langem Vokal schreibt man weiterhin *ß*.
   Beispiele: groß (das -*o*- wird lang gesprochen)
   süß (das -*ü*- wird lang gesprochen)

3. Nach Diphthong[1] schreibt man weiterhin *ß*.
   Beispiele: fleißig (-*ei*- ist ein Diphthong)
   draußen (-*au*- ist ein Diphthong)

   [1] Die Diphthonge sind im Deutschen: *ai, au, äu, ei, eu.*

---

* Wenn nach kurzem Vokal bislang *s* und nicht *ß* stand, bleibt auch weiterhin nur ein *s* stehen. Dazu gehören:
a) „Grammatische Wörter": bis, das (das Haus, das stimmt), des (aber: dessen), was, wes (aber: wessen).
b) Substantive auf -*nis, -as, -is, -os, -us*: die Kenntnis (aber: Kenntnisse), die Ananas (aber: Ananasse), der Iltis (aber: Iltisse), das Tennis, der Albatros (aber: Albatrosse), der Bus (aber: Busse) …
c) Die Vorsilbe *dis*-: die Diskussion, die Diskothek, diskret …

Übungen

1.1 Ist der Vokal vor dem scharfen [s] lang oder kurz?
Wie wird das [s] geschrieben?

		lang	kurz	
der Bi♦	i:	☐	☑	*der Biss_____*
bla♦	a:	☐	☐	_____
das Fa♦	a:	☐	☐	_____
der Flu♦	u:	☐	☐	_____
der Fu♦	u:	☐	☐	_____
das Gefä♦	ä:	☐	☐	_____
gemä♦	ä:	☐	☐	_____
gewi♦	i:	☐	☐	_____
gro♦	o:	☐	☐	_____
der Gru♦	u:	☐	☐	_____
der Kongre♦	e:	☐	☐	_____
der Reisepa♦	a:	☐	☐	_____
der Proze♦	e:	☐	☐	_____
das Schlo♦	o:	☐	☐	_____
der Schlu♦	u:	☐	☐	_____
der Stre♦	e:	☐	☐	_____

1.2 Ist der Vokal vor dem scharfen [s] lang oder kurz?
Wie wird das [s] geschrieben?

		lang	kurz	
die Geldbu♦e	u:	☑	☐	*die Geldbuße_____*
die Grö♦e	ö:	☐	☐	_____
das Intere♦e	e:	☐	☐	_____
die Ka♦e	a:	☐	☐	_____
die Kla♦e	a:	☐	☐	_____
die Ma♦e	a:	☐	☐	_____
die Me♦e	e:	☐	☐	_____
die Pre♦e	e:	☐	☐	_____

die Stra♦e   a: ▨   ▨   _____

die Ta♦e   a: ▨   ▨   _____

1.3 Fügen Sie ss oder ß ein. Wiederholen Sie an der Seite die Wörter.

Komm, wir wollen jetzt essen.   *essen*_____

I__t du gern Fisch?   _____

Ich nicht, aber meine Frau i__t gern Fisch.   _____

Mu__ man hier lange warten?   _____

Alle mü__en warten.   _____

Wir mu__ten auch warten.   _____

Hast du das nicht gewu__t?   _____

Nein, woher sollte ich das wi__en?   _____

Alle wu__ten das.   _____

Seit wann wi__t ihr das?   _____

*1.4 Schreiben Sie die Wörter mit ss in die linke Spalte und die Wörter mit ß
in die rechte.*

Wörter mit ss: Wörter mit ß:

                       Das ist ein guter

*Kompromiss*_____   Kompromi♦.   _____

                       Wir sollten diesen

_____   Beschlu♦ fassen.   _____

                       Ich bin sehr froh,

_____   da♦ Sie gekommen sind.   _____

                       Darf ich Ihnen Kaffee

_____   eingie♦en?   _____

                       Wollen Sie lieber

_____   eine Ta♦e Tee?   _____

                       Danke, ich esse keine

_____   Sü♦igkeiten.   _____

ein weiches

_____ Ki◆en _____

Es war schon ein

_____ bi◆chen spät geworden. _____

Wir hatten viel

_____ Spa◆. _____

Sie sollten das

_____ Fenster schlie◆en. _____

Ich habe mir die Hände

gewaschen. Sie sind noch

_____ na◆. _____

Mit freundlichen

_____ Grü◆en _____

2 Drei gleiche Konsonanten

Wenn in zusammengesetzten deutschen Wörtern drei Konsonanten aufeinander trafen, war es bisher üblich, dass nur zwei geschrieben wurden, der dritte wurde meistens weggelassen. In Zukunft ist das anders.

> *Drei gleiche Konsonanten*
>
> Wenn drei gleiche Konsonanten aufeinander treffen, werden alle drei geschrieben.*
>
> Beispiele: Wett … turnen: Wettturnen
> still … legen: stilllegen
>
> * Die wenigen Ausnahmen sind: *dennoch, Drittel, Mittag.*

Übungen

2.1 Bilden Sie vier zusammengesetzte Substantive.

SCHIFF	FOLIE	_____
KONGRESS	LAMPE	_____
KUNSTSTOFF	STADT	_____
KONTROLL	FAHRT	_____

2.2 Welche Wörter mit drei gleichen Konsonanten sind gemeint?

Ich interessiere mich für Fußball. Ich stelle den Fernseher an und sehe mir das

_____ Deutschland gegen Spanien an.

Ich habe Lotto gespielt. Ich möchte wissen, welche Nummern gewonnen haben.

Das sind die _____

Wie heißt das grüne Unkraut, das auf der Haut brennt, wenn man es berührt?

_____

Ich gehe in die Oper um ein Ballett zu sehen. Ich bewundere eine der Tänze-

rinnen. Sie ist eine _____

3 ä, äu

Im Deutschen gibt es die Umlaute ä, ö, ü, äu. Die Umlaute ä und äu werden
für die Schreibung der Wörter gebraucht, zu denen es verwandte Wörter oder
Wortformen mit a oder au gibt.

die Länder	(← das Land)
der Händler	(← der Handel)
die Verkäuferin	(← verkaufen)
der Bräutigam	(← die Braut)

Übung

3.1 Bilden Sie den Plural.

ein Haus	*zwei Häuser*	ein Fass	_____	ein Kasten	_____
eine Maus	_____	ein Fahrrad	_____		

Diese Regel wird zukünftig auf die meisten Ausnahmen übertragen, die bisher noch mit *e* oder *eu* geschrieben wurden:

ä, äu

Man schreibt *ä* oder *äu*, wenn es verwandte Wörter oder Wortformen mit *a* oder *au* gibt.

Dazu gehören jetzt auch:

behände	(← die Hand)
das Bändel*	(← das Band)
belämmert*	(← das Lamm)
die Gämse	(← der Gamsbock)
der Stängel	(← die Stange)
überschwänglich	(← der Überschwang)
einbläuen*	(← blau)
gräulich, die Gräuel	(← grauen)
sich schnäuzen*	(← die Schnauze)

*Umgangssprachliche Wörter.

Es gibt weiterhin einige Ausnahmen; die wichtigsten sind:

die Eltern	(trotz: alt, älter)
schmecken	(trotz: der Geschmack)
wecken	(trotz: wach)

Man darf schreiben:

	aufwendig	(← aufwenden)
oder	aufwändig	(← der Aufwand).

Übungen

3.2 Welches Wort ist gemeint?

ein kleines Quantum

_____

ein Tier, das wie eine Ziege aussieht und im Gebirge lebt

_____

sich die Nase putzen

_____

grauenhafte Dinge, die im Krieg passieren

_____

sich übermäßig und sehr gefühlvoll bedanken

sich _____ bedanken

sich eingeschüchtert, übel fühlen

sich _____ fühlen

4 Einzelne Neuregelungen

Die neuen amtlichen Regeln betreffen eine Reihe von Einzelheiten, die im
Folgenden aufgezählt werden:

Schreibung mit einem zusätzlichen h
Das betrifft die Wörter
>   der Föhn   (bisher: Fön)
>   die Rohheit   (bisher: Roheit)

Schreibung ohne h
>   rau   (bisher: rauh)

In Analogie zu *blau, genau, schlau*. Diese Wörter werden auch
ohne h geschrieben.

Schreibung mit Doppelkonsonanten
Bisher schrieb man *die Nummer*, aber: *numerieren* (nur mit einem *m*). Zukünftig
wird auch das Verb mit *-mm-* geschrieben:
>   nummerieren*

*Mit einem *m* weiterhin: *das Numerale* (= Zahlwort), *der Numerus clausus*.

Bisher schrieb man *stoppen*, aber: *der Stop* (nur mit einem *p*).
Zukünftig werden beide Wörter mit *-pp* geschrieben.
>   der Stopp
>   ebenso: der Tipp

Weitere Wörter, die zukünftig mit Doppelkonsonanten geschrieben werden:
>   tollpatschig, frittieren, Karamell

Schreibung mit tz

Bisher schrieb man *der Platz*, aber *plazieren*. Zukünftig werden beide Wörter und alle Ableitungen mit *-tz-* geschrieben:

> platzieren
> die Platzierung
> der Erstplatzierte ...

Übungen

4.1 Welche Wörter sind gemeint?

Man braucht ihn zum Haaretrocknen.

_____

eine Tapete mit rauer Oberfläche

_____

jede Seite mit einer Nummer versehen

_____

das Auto zum Halten bringen

_____

einen Tipp abgeben

_____

derjenige, der den ersten Platz einnimmt

_____

ungeschickt, tölpelhaft

_____

in flüssigem Fett braun braten

_____

Pudding mit gebräuntem Zucker

_____

5 Neue Möglichkeiten

Die amtlichen Regelungen lassen dem Schreibenden in einigen Fällen die Freiheit, so zu schreiben wie bisher oder eine neue Schreibung anzuwenden. Das betrifft die Wörter mit *selbst-* und viele Fremdwörter.

selbst …

Bisher schrieb man *Selbstvertrauen, Selbstbedienung, Selbstbestimmungsrecht, selbstsicher* – aber: *selbständig, Selbständigkeit, unselbständig.*

Zukünftig darf man auch schreiben:
    selbstständig …

Diese neue Möglichkeit sollte man tatsächlich anwenden, auch Wörterbücher bevorzugen diese Schreibung.

Fremdwörter

Man darf alle Fremdwörter weiterhin so schreiben wie bisher. Bei einigen ist auch eine „eingedeutschte" Schreibung zulässig:

Portemonnaie   oder: Portmonee
Waggon   oder: Wagon

Übungen

5.1 Schreiben Sie die folgenden Fremdwörter ohne h.

das Ghetto: _____

der Joghurt: _____

das Känguruh: _____

der Katarrh: _____

der Panther: _____

die Spaghetti: _____

der Thunfisch: _____

(Die meisten Schreibungen mit *rh* und *th* bleiben obligatorisch: *Rheuma, Rhythmus, Apotheke, Thema, Mathematik, Sympathie* …)

5.2 Schreiben Sie bei den folgenden Fremdwörtern f für ph.

der Delphin: _____

die Graphik: _____

das Megaphon: _____

der Paragraph: _____

die Phantasie: _____

(Die meisten Schreibungen mit *ph* sind aber geblieben: *Atmosphäre, Metapher, Phase, Physik …*)

5.3 Man schreibt Armee, Idee, Kaffee, Klischee, Tournee.
Schreiben Sie ebenso:

das Dekolleté: _____

das Negligé: _____

das Exposé: _____

das Varieté: _____

5.4 Man schrieb schon immer Provinz – provinziell, Tendenz – tendenziell.
Schreiben Sie ebenso.

die Differenz: _____

die Existenz: _____

die Potenz: _____

die Substanz: _____

Test 1

a) Welche Wörter sind nach den neuen Regeln falsch geschrieben?
Unterstreichen Sie die falsch geschriebenen Wörter und schreiben Sie
die Wörter nach der neuen Schreibung in die rechte Spalte.

Wasser, wäßrig, Wasserfall _____

es fließt, es floß, das Floß _____

wissen, ich habe gewußt _____

Wer weiß? gewiß, Gewißheit _____

essen, er ißt, er hat gegessen   _____

schließen, Schluß, schließlich   _____

Schloß, die Tür ist geschlossen   _____

beißen, der Hund biß zu   _____

der Hundebiß, ein bißchen   _____

die Gämse, überschwenglich loben   _____

schmecken, die Eltern   _____

die Greueltaten des Verbrechers   _____

der Numerus, die Nummer   _____

numerieren, das Numerale   _____

die rauhe Wand   _____

eine gute Plazierung erreichen   _____

ein guter Tip, tippen, Stop!   _____

b) *Suchen Sie jeweils ein synonymes Wort. Nach den neuen Regeln sind zwei Schreibungen möglich.*

italienisches Nudelgericht

_____   _____

Einbildungskraft

_____   _____

ohne fremde Hilfe

_____   _____

dicke Milch

_____   _____

Abschnitt eines Gesetzes (oder eines Vertrags)

_____   _____

kurze Darstellung eines Sachverhalts

_____   _____

Die neuen Regeln im Bereich der Groß- und Kleinschreibung

6 Zur Erinnerung: Großschreibung der Substantive

Eine Eigentümlichkeit der deutschen Rechtschreibung ist die Großschreibung der Substantive (Nomen) und aller anderen Wörter, wenn sie als Substantive gebraucht werden.

Substantive: der **M**ann
die **F**rau
das **K**ind
das **H**aus
das **A**uto

Andere Wörter, die als Substantive gebraucht werden:

Wir gehen essen.	Das **E**ssen ist fertig.
Der klein gedruckte Text.	Das **K**leingedruckte lesen.
Alles liegt durcheinander.	Das **D**urcheinander war groß.
Zu jemandem „du" sagen.	Jemandem das **D**u anbieten.

Die „Amtliche Regelung der deutschen Rechtschreibung" stellt im § 57 noch einmal klar, an welchen Merkmalen man erkennen kann, dass ein Wort ein Substantiv ist:

Vor dem Substantiv können stehen

1. Artikel
   – Bestimmte Artikel: *der, die, das, des, dem, den ...*
   – Unbestimmte Artikel: *ein, eine, eines, einem, einen ...*
   – Bestimmte Artikel, die mit Präpositionen verschmolzen sind:
     am (an dem), aufs (auf das), fürs (für das), im (in dem), zum (zu dem)
     ...

2. Pronomen
   – Demonstrativpronomen: *dieser, diese, dieses, diesem, diesen ...*
   – Possessivpronomen: *mein(e), dein(e), sein(e), ihr(e), unser(e), euer ...*
   – Sonstige Pronomen: *kein, etwas, nichts, alle, einige ...*

3. Unbestimmte Zahlwörter
   – *ein paar, genug, viel, wenig, jeder ...*

4. Adjektive (als Attribute)
   Zum Beispiel: *das schnelle/neue Auto*

Jedes Substantiv (wie auch jedes Personalpronomen) steht in einem der vier Fälle: Nominativ, Akkusativ, Dativ, Genitiv.

Übungen

6.1 *Ergänzen Sie die Merkmale. (Beim unbestimmten Zahlwort verwenden Sie bitte den Plural.)*

Bestimmter Artikel:

der _____   *der Kugelschreiber* _____

Unbestimmter Artikel:

_____   _____

Demonstrativpronomen:

_____   _____

Possessivpronomen:

_____   _____

Sonstiges Pronomen:

_____   _____

Unbest. Zahlwort:

_____   _____

Artikel + Adjektiv:

_____   _____

6.2 *Ebenso.*

Bestimmter Artikel:

die _____   *die Vase* _____

Unbestimmter Artikel:

_____   _____

Demonstrativpronomen:

_____   _____

Possessivpronomen:

_____   _____

Sonstiges Pronomen:

_____   _____

Unbest. Zahlwort:

_____   _____

Artikel + Adjektiv:

_____   _____

6.3 Ebenso.

Bestimmter Artikel:

*das*_____   *das Glas*_____

Unbestimmter Artikel:

_____   _____

Demonstrativpronomen:

_____   _____

Possessivpronomen:

_____   _____

Sonstiges Pronomen:

_____   _____

Unbest. Zahlwort:

_____   _____

Artikel + Adjektiv:

_____   _____

7 Feste Wendungen

Neu ist, dass nach den amtlichen Regelungen zukünftig alle Wörter großgeschrieben werden, die die Merkmale der Substantive haben. Bisher geschah das in sehr vielen Fällen nicht.

Feste Wendungen

In festen Wendungen werden alle Wörter, die die Merkmale eines Substantivs haben, großgeschrieben.

Beispiele: im **A**llgemeinen
des **Ö**fteren
kein **E**inziger

Ausnahmen, die weiterhin geblieben sind:

- ein bisschen
- ein paar (im Sinne von „einige")
- Feste Wendungen mit *eine, andere, viel (mehr, meiste), wenig*:
  der eine, das eine …
  das andere, ein anderer, kein anderer, jeder andere, alles andere, unter anderem…
  die vielen, die meisten, das meiste, am meisten …
  die wenigen, am wenigsten …

Übungen

7.1 Schreiben Sie die Wendungen auf die freie Linie.

im ALLGEMEINEN   *im Allgemeinen* _____

im FOLGENDEN   _____

im ÜBRIGEN   _____

im EINZELNEN   _____

im WESENTLICHEN   _____

vielen Dank im VORAUS   _____

etwas ÄHNLICHES vorschlagen   _____

jeder BELIEBIGE   _____

es ist wohl das BESTE   _____

jeder EINZELNE kann helfen   _____

aufs GANZE gehen   _____

bis ins KLEINSTE vorbereitet   _____

alles MÖGLICHE versuchen   _____

es aufs NEUE probieren   _____

aus dem VOLLEN schöpfen   _____

des WEITEREN   _____

7.2 Schreiben Sie die Sätze auf die freie Linie.
   (Beachten Sie dabei die Ausnahmen.)

Das ist etwas ANDERES.

_____

Alles dauerte ein BISSCHEN lange.

_____

Ein PAAR Bekannte besuchen.

_____

Ich freue mich darüber am MEISTEN.

_____

Die VIELEN, die gekommen waren.

_____

Jeder ANDERE wäre gescheitert.

_____

Das WENIGE, was noch zu tun ist.

_____

8   erste / Erste ...

erste / Erste

Wenn die Wörter *Erste, Zweite, Dritte, ... Nächste, Letzte* allein stehen,
werden sie als Substantive angesehen. Man schreibt sie groß.

Wenn diese Wörter jedoch vor einem Substantiv stehen, gelten sie nicht als
Substantive. Man schreibt sie klein.

Beispiele: die **e**rste Hilfe   der **E**rste sein
             der **n**ächste Patient   Der **N**ächste, bitte!

Übungen

8.1 *Untersuchen Sie, ob die Wörter allein oder vor einem Substantiv stehen.*
Schreiben Sie dann die Formulierungen auf die freie Linie.

Steht

	allein	vor Subst.	
zum ERSTEN Mal	▨	✔	*zum ersten Mal*
der ERSTE sein	▨	▨	
der ERSTE des Monats	▨	▨	
als ERSTER fertig sein	▨	▨	
im ERSTEN Stock wohnen	▨	▨	
die ERSTE Klasse	▨	▨	
fürs ERSTE genug	▨	▨	

8.2 *Ebenso.*

jeder ZWEITE	▨	▨	
aus ZWEITER Hand	▨	▨	
die ZWEITE Stimme	▨	▨	
zum ZWEITEN	▨	▨	
an ZWEITER Stelle	▨	▨	

8.3 *Ebenso.*

das NÄCHSTE Mal	▨	▨	
mein NÄCHSTER	▨	▨	
der NÄCHSTE, bitte	▨	▨	
das NÄCHSTE wäre …	▨	▨	
etwas als NÄCHSTES tun	▨	▨	

8.4 *Ebenso.*

der LETZTE Schrei	▨	▨	
die LETZTE Ehre	▨	▨	
zum LETZTEN Mal	▨	▨	

als LETZTER fertig sein	▦	▦	_____
der LETZTE sein	▦	▦	_____
das ist das LETZTE	▦	▦	_____

9 angst, leid ...

Die Wörter *Angst, Leid, Pleite, Recht, Schuld* gebraucht man meist als Substantive und schreibt sie mit großem Anfangsbuchstaben.

Beispiele: Ich habe keine Angst.
Freud und Leid miteinander teilen.
Die Firma geht Pleite.
Das ist mein gutes Recht.
Ich habe keine Schuld daran.

---

angst, leid, pleite, recht, schuld

In Verbindung mit dem Hilfsverb *sein** gelten diese Wörter nicht als Substantive und werden deshalb kleingeschrieben.

Beispiele: er ist pleite
du bist schuld

*   Formen des Hilfsverbs sein:
ich bin, du bist, er/sie ist, wir sind, ihr seid, sie sind
ich war, du warst, er/sie war, wir waren, ihr wart, sie waren
ich bin gewesen, du bist gewesen ...
ich werde sein, du wirst sein, er/sie wird sein ...
seiend

Hinweis: *recht* kann auch als Adverb verwendet werden, dann schreibt man es ebenfalls klein.

Beispiele: es jemandem recht machen
Gehe ich recht in der Annahme?
Das geschieht ihm recht!

Übungen

9.1 *Unterstreichen Sie die Formulierungen, in denen angst, leid, pleite, recht, schuld in Verbindung mit dem Hilfsverb sein gebraucht wird.*

Mir ist ANGST und BANGE.

Du brauchst wirklich keine ANGST zu haben.

vor ANGST zittern

Es tut mir wirklich LEID.

Ich bin es jetzt LEID.

jemandem ein LEID antun

Die Firma war schon lange PLEITE.

Der Kaufmann hat PLEITE gemacht.

Die PLEITE kostet viel Geld.

Du hast RECHT.

Ich muss dir RECHT geben.

Das ist mir durchaus RECHT.

Du hast SCHULD.

Jemandem die SCHULD geben.

Mein Bruder war an allem Unglück SCHULD.

9.2 *Fünf Sätze sollten Sie unterstrichen haben. Schreiben Sie diese Sätze noch einmal ab.*

_____

_____

_____

_____

_____

_____

_____

10 Einzelne Neuregelungen

Mit **großem Anfangsbuchstaben** schreibt man zukünftig:

– Tageszeiten, denen die Wörter *heute, morgen/übermorgen, gestern/vorgestern* vorausgehen.

Beispiele: heute Morgen
gestern Abend
morgen Vormittag

– *auf* + Sprache

Beispiele: auf Deutsch
auf Englisch
auf Spanisch

Mit **kleinem Anfangsbuchstaben** schreibt man Ableitungen von Namen.

Beispiele: die schillerschen Balladen (Schiller, 1759–1809)
die lessingschen Dramen (Lessing, 1729–1781)
das ohmsche Gesetz (Ohm, 1783–1854)

Es ist auch möglich, einen Apostroph zu setzen. Dann schreibt man groß.

Beispiele: die Schiller'schen Balladen
die Lessing'schen Dramen
das Ohm'sche Gesetz

Übungen

10.1 *Ergänzen Sie die Lücken.*

Die Einladungen sind vorgestern _____ verschickt worden.

MORGEN

Wir treffen uns morgen _____. VORMITTAG

Morgen _____ findet ein geselliges Beisammensein statt.

ABEND

Die Tagung wird bis übermorgen _____ dauern. MITTAG

Übermorgen _____ sind alle Teilnehmer abgereist. ABEND

10.2 Ergänzen Sie die Lücken.

Die Gebrauchsanweisung ist leider nur auf _____ geschrieben. ENGLISCH

Dahinter steht eine Übersetzung auf _____. JAPANISCH

Kannst du mir den Text auf _____ übersetzen? DEUTSCH

11 Anrede

Wie in anderen Sprachen werden auch im Deutschen Pronomen bei der formellen Anrede mit großem Anfangsbuchstaben geschrieben: *Sie, Ihnen, Ihr …*
Seit der Neuregelung gilt das nicht mehr für die vertrauliche Anrede: *du, dein, dir, dich, euch, euer*

> Zukünftig werden die Anredepronomen *du, dein, dir, dich – euch, euer …*
> immer kleingeschrieben, auch in Briefen, Widmungen usw.

Übungen

11.1 Ergänzen Sie die Anredepronomen.

Sehr geehrter Herr Schmidt,

für _____ Brief vom 3. Oktober danke ich _____. Ich freue mich,

dass _____ mit meinem Terminvorschlag einverstanden sind. Ich werde

_____ am Freitag Vormittag gegen 11 Uhr besuchen.

Mit den besten Grüßen, auch an _____ Gattin

11.2 Ebenso.

Lieber Stephan,

für _____ Brief vom 3. Oktober danke ich _____. Ich freue mich,

dass _____ in der nächsten Woche für mich Zeit hast. Ich werde

_____ am Freitag Vormittag gegen 11 Uhr besuchen.

Herzliche Grüße, auch an _____ liebe Frau

Großschreibung im Deutschen
(Vollständige Übersicht)

Überschrift, Satzanfang

Der Erlkönig
Die Judenbuche
Morgen fahren wir nach München.
Herzliche Grüße

Eigennamen

Friedrich **S**chiller
Ludwig van **B**eethoven
Berlin
Rhein

Substantive (Nomen)

Wörterbuch
Computer
Rechtschreibung
Fremdsprachen

Wörter, die als Substantive gebraucht werden

kein **E**inziger
zum **E**ssen kommen
jemandem das **D**u anbieten

Formelle Anrede

Kommen **S**ie bitte herein.
Wie geht es **I**hnen?

(*du, dir, dich, dein; ihr, euch, euer*
werden kleingeschrieben.)

Adjektive

– denen die Wörter *etwas,
alles, viel, wenig, nichts* vorausgehen:

  alles Gute
  nichts Besonderes

– die zu Eigennamen gehören:

  das Kap der **G**uten Hoffnung
  das **S**chwarze Meer

– die auf *-er* enden und von
geografischen Namen abgeleitet
sind:

  der **B**erlin**er** Bär
  das **M**ünchn**er** Bier
  das **H**eidelberg**er** Schloss

Test 2

An welchen Begleitwörtern erkennt man, dass die fett gedruckten Wörter Substantive sind? Bestimmen Sie die Begleitwörter.

Wir sind ein richtiges **Team**. _____

Ich habe dafür kein **Verständnis**. _____

die volle **Verantwortung** tragen _____

für die **Freiheit** kämpfen _____

jemandem einen **Drink** anbieten _____

Das ist unser **Haus**. _____

Diese **Waren** kommen aus dem Ausland. _____

der deutsche **Wald** _____

im **Grunde** genommen _____

die erste **Hilfe** _____

Kein **Einziger** war dafür. _____

Im **Folgenden** wird das erklärt. _____

Im **Allgemeinen** kann ich zustimmen. _____

Jeder will der **Erste** sein. _____

Die neuen Regeln im Bereich der Getrennt- und Zusammenschreibung

12 Einführung: Zusammengesetzte Wörter

Wer Deutsch als Fremdsprache lernt, staunt sehr, wie leicht im Deutschen Wörter zusammengesetzt werden können. Es entstehen wahre Wortungetüme, die Ausländern beim Lesen nicht selten Schwierigkeiten machen.

Man findet zusammengesetzte Wörter überall, in Büchern, Zeitungen, in Reklamen und Prospekten. Sie wirken weder gesucht noch schwerfällig – sie sind ganz natürlich. Deutsche haben mit diesen langen Wörtern überhaupt keine Schwierigkeiten.

Übung

12.1 In den Kleinanzeigen einer Tageszeitung stehen folgende Angebote:

> **Wohnwagen** ab sofort zu vermieten, Tel …
> **Suche Zwillingskinderwagen** (hintereinander), Tel. …
> **Kaminholz** RM 70,– u. 80,–, Tel. …
> **Kücheneckbank** m. Tisch u. 2 Stühlen, Mahagoni zu verk., Tel. …
> **Gartenpflanzen** Stk. 1,–, Tel. …
> **Schlauchboot**, 3,30 x 1,50 m, zu verk., Tel. …
> **Lederreitstiefel** „Veltheim", Gr. 40, Schaft 39/42, VB 240,–, Tel. …
> **Grauer Kinderwagen** zu verschenken. Tel. …
> **Brautkleid**, Gr. 38, zu verk., Tel. …
> **Dachgepäckträger** für Golf III od. Jetta, abschließb., 80,–, …
> **Wohnzimmerschrank**, echt Eiche, 350 x 210 x 56 cm, zu verk.,
> Pr.: VB 800,–, …

Aus zwei Substantiven sind zusammengesetzt:

_____

_____

_____

_____

Aus drei Substantiven sind zusammengesetzt:

_____

_____

Die neuen amtlichen Regelungen der deutschen Rechtschreibung beschränken die Möglichkeiten für solche Zusammensetzungen von Substantiven nicht. Neuerungen gibt es im Bereich der Verben, der zusammengesetzten Adjektive und der „anderen Wortarten".

13 Zusammengesetzte Verben

Die neuen Regeln setzen grammatische Kenntnisse voraus:

Infinitiv: Das ist die „Grundform" des Verbs, unter der man es zum Beispiel im Wörterbuch findet.
Die Infinitive haben die Endungen -en, selten: -n.
essen, trinken, kochen …
wandern, wechseln …

Partizip: Das Partizip I wird mit dem Infinitiv und der Endung -d gebildet.
essend, trinkend, kochend …
wandernd, wechselnd …

Partizip II: Das Partizip II hat meist die Vorsilbe ge-
gegessen, getrunken, gekocht …
Wenn der Infinitiv jedoch auf der zweiten Silbe betont wird, fällt das ge- weg.
verlieren – verloren, diktieren – diktiert …

Die Getrenntschreibung der Verben ist in sechs Regeln festgelegt:

---

1. *Substantiv – Verb*

   – Substantiv und Verb werden getrennt geschrieben
      Beispiele: Rad fahren
                      Leid tun

   – Diese Regel gilt nicht nur für die Infinitive, sondern auch für andere Verbformen, zum Beispiel das Partizip I.
      Beispiele: Not leidend
                      Erfolg versprechend

Ausnahmen sind weiterhin

– untrennbar zusammengesetzte Verben:
bergsteigen – wir werden bergsteigen, wir sind berggestiegen
kopfrechnen – wir werden kopfrechnen, wir haben kopfgerechnet
notlanden – wir werden notlanden, wir sind notgelandet

schutzimpfen – wir haben uns schutzimpfen lassen
sonnenbaden – wir werden sonnenbaden, wir haben sonnengebadet
u.a.
– zusammengesetzte Verben mit
heim… – heimkehren, wir kehren heim, wir sind heimgekehrt
preis… – preisgeben, wir gaben preis, wir haben preisgegeben
stand… – standhalten, wir halten stand, wir haben standgehalten
teil… – teilnehmen, wir nehmen teil, wir haben teilgenommen
u.a.

Übung

13.1 Ergänzen Sie die Sätze.

Wo finde ich heute am Sonntag die Dienst _____ Apotheke?   HABENDE

Deine Hilfe sollte dir nicht Leid _____.   TUN

die Erdöl _____ Länder   EXPORTIERENDEN

Das verbleite Benzin enthält Krebs _____ Stoffe.   ERREGENDE

Ich möchte das neue Auto zunächst Probe _____.   FAHREN

Der Kaufvertrag ist Computer _____.   GESCHRIEBEN

Das war ein Vertrauen _____ Verkäufer.   ERWECKENDER

---

2.   Verb – Verb

– Zwei Verben werden getrennt geschrieben.
Diese Regel gilt sowohl für Infinitiv-Verb als auch für Partizip-
Verb.
Beispiele: kennen lernen
geschenkt bekommen

Übung

13.2 Füllen Sie die Lücken aus.

Diese Wörter werden   getrennt

_____ _____   geschrieben

„Kennst du Ulrike?" „Nein, aber ich würde   kennen

sie gern _____ _____   lernen

Wo hast du sie eigentlich

_____ _____?"

„Zufällig auf einer Party."

„Was machst du heute Nachmittag?"

„Ich wollte ein bisschen im Park   spazieren

_____ _____.   gehen

Willst du mitkommen?"

„Gern! Der Park ist schön. Ich bin dort

kürzlich _____ _____."

„Wir gehen jetzt nach Hause. Denk an deinen

Regenschirm. Du solltest ihn hier nicht   liegen

_____ _____."   lassen

„Gut, dass du mich erinnerst. Ich habe ihn

schon einmal _____ _____."

---

3.   *Adjektiv – Verb*

   – Das Adjektiv und das folgende Verb werden getrennt geschrieben,
      a) wenn man das Adjektiv sinnvoll steigern kann,
      b) wenn man das Adjektiv mit *ganz* oder *sehr* erweitern kann.

   Beispiele: klein schneiden
          Man kann steigern: kleiner schneiden
          Man kann erweitern: ganz klein schneiden
                                          sehr klein schneiden
                                          gering schätzen
          Man kann steigern: noch geringer schätzen
          Man kann erweitern: sehr gering schätzen

   – Adjektive auf *-ig*, *-lich* und *-isch* und das folgende Verb werden
      immer getrennt geschrieben.

   Beispiele: übrig bleiben
                 deutlich machen
                 kritisch denken

Übungen

13.3 Ergänzen Sie die Lücken.

Dem Kranken soll es schlecht _____.   gehen

Man kann steigern: _____

Man kann mit „sehr" erweitern: _____

Ich möchte dir den Entschluss leicht _____.   machen

Man kann steigern: _____

Man kann mit „sehr" erweitern: _____

Das ist ein gut _____ Vorschlag.   gemeinter

Man kann mit „sehr" erweitern: _____

Den Vorwurf wird dir niemand übel _____.   nehmen

Man kann mit „sehr" erweitern: _____

Frau Müller ist eine allein _____ Mutter.   erziehende

Man kann mit „ganz" erweitern: _____

Das Geschäft wurde neu _____.   eröffnet

Man kann mit „ganz" erweitern: _____

13.4 Ergänzen Sie die Lücken.

Das Haus wurde im letzten Monat fertig _____.   gestellt

Ich möchte dir meine Vorstellungen deutlich _____.   machen

„Hast du die Schokolade aufgegessen?"

„Nein, ich habe dir noch ein Stück übrig _____."   gelassen

„Du brauchst dich nicht aufzuregen.

Du kannst ruhig _____."   bleiben

---

4. Adverb – Verb

Adverbien und Verben werden getrennt geschrieben.
Das gilt besonders für mehrsilbige Adverbien.

Beispiele: abhanden kommen
                   durcheinander bringen

Übung

13.5 Ergänzen Sie die Lücken.

Die Schwierigkeiten haben überhand _____.   genommen

Alle Hoffnungen wurden zunichte _____.   gemacht

Die Hilfen sollen allen zugute _____.   kommen

Langsam wird es vorwärts _____.   gehen

Niemand sollte mehr abseits _____.   stehen

---

5.   *Irgendein Wort – das Verb „sein"*

Alle Verbindungen mit dem Verb *sein** gelten nicht als Zusammensetzungen.

Sie werden immer getrennt geschrieben.

Beispiele: hier sein
                zusammen sein
                wir sind zusammen gewesen

* Die Formen des Verbs *sein* finden Sie auf Seite 22.

Übung

13.6 Ergänzen Sie die Lücken.

Wann wird die Veranstaltung vorbei _____?   sein

Alle wollten unbedingt dabei _____.   sein

Bist du auch da _____?   gewesen

In 10 Minuten wird mein Vater zurück _____.   sein

Wirst du dann noch hier _____?   sein

Als Ergänzung zu den Regeln (1)–(5) muss man sich noch eine wichtige Ausnahme merken: Diese Regeln gelten nur, wenn die Verben tatsächlich als Verben gebraucht werden. Bei **substantivierten Verben**, das heißt bei Verben, die als Substantive gebraucht werden, gelten sie **nicht**!

> **6. Substantivierte Verben**
>
> Substantivierte Verben werden zusammengeschrieben.
>
> Beispiele: Ich will Rad fahren.
> aber: Das Radfahren macht Spaß.
> Ich möchte Herrn Müller kennen lernen.
> aber: Heute war das Kennenlernen nicht möglich.

Übung

13.7 Ergänzen Sie die Lücken.

	Getrennt nach Regel:
Ich wollte mit Anne zusammen sein.	*(5)_*
Das *Zusammensein* war schön.	
Vor dem Schalter Schlange stehen.	____
Das _____ dauerte lange.	
Wir wollten noch spazieren gehen.	____
Das _____ ist gesund.	
die Reste übrig lassen	____
das _____ der Reste	
Wir sollten den Fall ruhen lassen.	____
Das _____ des Falls ist nicht möglich.	
Mein Freund lernt Auto fahren.	____
Das _____ macht ihm keine Schwierigkeiten.	
Ich prüfe, ob alle Papiere vorhanden sind.	____
Das _____ aller Papiere überprüfen.	
Ich muss die Küche sauber machen.	____
Das _____ der Küche hat noch bis nachher Zeit.	
Der Schüler muss das Gedicht auswendig lernen.	____
Das _____ des Gedichts fällt ihm schwer.	

14 Zusammengesetzte Adjektive

Auch Adjektive werden im Deutschen zusammengeschrieben:

groß … städtisch:	großstädtisch
bitter … böse:	bitterböse
dunkel … blau:	dunkelblau
taub … stumm:	taubstumm
nass … kalt:	nasskalt

Neu sind die obligatorischen Getrenntschreibungen, ähnlich wie bei Abschnitt 13, Regel 3, Seite 31:

Adverb – Adjektiv

Adverb und Adjektiv werden getrennt geschrieben,
a) wenn das Adverb gesteigert werden kann,
b) wenn das Adverb durch *sehr* erweitert werden kann.

Beispiel: leicht verdauliche Speisen
Man kann steigern: leichter verdauliche Speisen
Man kann mit „sehr" erweitern: sehr leicht verdauliche Speisen

Übung

14.1 *Ergänzen Sie die Lücken.*

Das ist ein _____ Rat.   ERNST

Man kann mit „sehr" erweitern: GEMEINTER

_____

Mecklenburg ist eine _____ Gegend.   SCHWACH

Man kann mit „sehr" erweitern: BEVÖLKERTE

_____

Ein _____ Kind.   SCHWER

Man kann mit „sehr" erweitern: ERZIEHBARES

_____

Der Chef ist heute _____ .

GUT

Man kann steigern:

GELAUNT

_____

Man kann mit „sehr" erweitern:

_____

Dieser Satz ist _____ .

SCHWER

Man kann mit „sehr" erweitern:

VERSTÄNDLICH

_____

Mein Vater ist _____ .

SCHWER

Man kann mit „sehr" erweitern:

KRANK

_____

15 Andere Wortarten

wie, so, zu ...

Wie, so (genauso, ebenso), zu (allzu, viel zu) und das folgende Adverb oder Adjektiv werden getrennt geschrieben.

Beispiele: wie viel ...?
so viel
genauso viel
ebenso viel
zu viel
allzu viel
viel zu viel

Hinweis: *sodass, sobald, sooft ...* können auch als Konjunktionen gebraucht werden. Sie leiten dann Nebensätze ein. Als Konjunktionen werden diese Wörter zusammengeschrieben.

Übungen

15.1 Setzen Sie „viele" ein.

Wie _____ Gäste werden wohl kommen?

So _____ wie sich angemeldet haben.

Genauso _____ wie immer.

Zu _____ werden es kaum sein.

Wir haben viel zu _____ Getränke gekauft.

15.2 Setzen Sie „lange, oft, weit" oder „heiß" ein.

Wie _____ bleibst du in Spanien?

So _____ wie ich Ferien habe.

Ebenso _____ wie im letzten Jahr.

Zu _____ halte ich die Hitze nicht aus.

Im letzten Jahr war es viel zu _____.

Wie _____ warst du schon in Spanien?

Wie _____ fliegst du immer?

16 Ziffer – Wort/Nachsilbe

Früher schrieb man:
dreimal   oder: 3mal
achtzehnjährig   oder: 18jährig

Zukünftig schreibt man mit Bindestrich:
                     3-mal, 18-jährig.

Ziffern

– Zwischen Ziffer und Wort steht ein Bindestrich.
 Beispiele: 100-mal
                        80-jährig
– Ziffer und Nachsilbe werden jedoch zusammengeschrieben.
 Beispiele: 3fach
                        eine 100stel Sekunde

Übung

16.1 Schreiben Sie die Sätze ab, verwenden Sie Ziffern.

„Rechtschreibung" ist ein dreisilbiges Wort.

_____

Hundertprozentige Sicherheit gibt es nie.

_____

Das war in den achtziger Jahren so.

_____

Ein achtstündiger Arbeitstag ist anstrengend.

_____

Eine vierzehntägige Urlaubsreise machen.

_____

Das Foto wurde nur eine fünfhundertstel Sekunde belichtet.

_____

17 Neue Möglichkeiten

Die neuen amtlichen Regelungen nennen eine Reihe von „Fügungen", die man zusammen- oder getrennt schreiben kann.

17.1 Ergänzen Sie die zweite Möglichkeit selbstständig.

an Stelle	*anstelle* _____
auf Grund _____	aufgrund
in Frage stellen	_____
_____	aufseiten
von Seiten	_____
_____	außerstande sein
im Stande sein	_____
_____	mithilfe von
zu Grunde gehen	_____
_____	zugunsten von

zu Mute sein

_____

                         zuschulden kommen lassen

etwas zu Stande bringen

                      _____

_____

                         instand setzen

zu Leide tun

                      _____

_____

                         zulasten von

Test 3

a)   *Kann man die ersten Bestandteile der Verben erweitern oder nicht? Wenn eine Erweiterung möglich ist, schreiben Sie sie bitte hin, sonst schreiben Sie „Nein".*

fern/sehen   _____

                      Ich habe _____

fern/liegen   _____

                      Es hat mir _____

bekannt/machen   _____

                      Es wurde _____

nahe/bringen   _____

                      Ich habe es ihm _____

fest/halten   _____

                      Wir haben daran _____

tot/schlagen   _____

                      die Fliege _____

leicht/fallen   _____

                      Das wird dir bestimmt _____

wieder/holen   _____

                      alle Vokabeln _____

hoch/rechnen   _____

                      die Teilergebnisse _____

genau/nehmen   _____

                      es mit allen Einzelheiten sehr _____

gut/schreiben (anrechnen) _____

                 eine Prämie _____

gut/schreiben (gute Handschrift haben) _____

                 Er kann _____

frei/sprechen (ohne Manuskript) _____

                 Er lernt _____

frei/sprechen (für unschuldig erklären) _____

                 den Angeklagten _____

zufrieden/geben _____

                 Ich werde mich damit _____

b) *Ein Wort? Zwei Wörter? Nennen Sie die Regel.*

Der Brief ist _____ geschrieben.   _____ COMPUTER

Die Verunglückten können einem _____ tun.   _____ LEID

Etwas Schönes _____ bekommen.   _____ GESCHENKT

Wollen wir _____ tanzen?   _____ TANGO

Nichts soll _____ bleiben.   _____ ÜBRIG

Ist Ihnen irgendetwas _____ gekommen?   _____ ABHANDEN

Ein _____ suchender Freund.   _____ RAT

Herr Müller tut viel für das _____ kommen seines Sohnes.

                _____ VORWÄRTS

Viele Zuschauer sind _____ gewesen.   _____ DABEI

Das _____ machen der Küche.   _____ SAUBER

Wir werden die Küche _____ machen.   _____ SAUBER

Neue Regeln im Bereich der Worttrennung

Viele deutsche Wörter sind sehr lang. Daher kommt es oft vor, dass am Ende der Zeile ein Wort getrennt werden muss. Für die Worttrennung (füher sagte man „Silbentrennung") gab es feste Regeln, die die Schülerinnen und Schüler schon in den ersten Klassen lernen mussten.

Die neuen amtlichen Regelungen von 1996 haben alle diese Regeln außer Kraft gesetzt, was eine wirkliche Vereinfachung darstellt.

18 Worttrennung nach Silben

Zukünftig gibt es nur noch eine einzige Regel:

Worttrennung

- Die Wörter werden nach Sprechsilben getrennt.

- Das gilt auch für *st*.
  Beispiele: Leis- tung
  Küs- te

- *ck* wird bei der Trennung nicht mehr *k-k* geschrieben, sondern *ck* kommt auf die nächste Zeile.
  Beispiele: Zu- cker
  Bä- cker

- Auch einzelne Buchstaben können getrennt werden.
  Beispiele: O- fen
  a- ber

Übungen

18.1 Welches Wort ist gemeint? Trennen Sie es dann nach Silben.

viele Musiker, die zusammenspielen, und der Dirigent:

Or- ches- ter _____

trockene Landschaft, fast ohne Pflanzen, mit viel Sand:

_____

ein Mitglied der Regierung:

_____

Leute, die in fremde Länder reisen, um sich zu erholen oder um das Land kennen zu lernen:

_____

laut schreiend ausdrücken, dass man nicht einverstanden ist:

_____

Dort kann man gegen Bezahlung essen und trinken:

_____

die verglaste Öffnung, durch die das Licht in den Raum kommt:

_____

die Urkunde, in der ich festlege, wer meine Erben sind:

_____

18.2 Setzen Sie das richtige der folgenden Wörter ein und trennen Sie es dann.

Dackel Zucker Ecken schmücken Glocken Decke Schnecke Brücke

Das ist eine Jacke.   _Ja_ - _cke_

Der Raum hat vier _____.   _____-_____

Unten ist der Fußboden, oben ist die _____.   _____-_____

Dieser Hund ist ein _____.   _____-_____

Da kriecht eine _____.   _____-_____

Hörst du die _____?   _____-_____

Wir gehen über die _____.   _____-_____

Trinkst du Kaffee mit Milch und _____?   _____-_____

Den Weihnachtsbaum _____.   _____-_____

18.3 Trennen Sie die folgenden Wörter.

Abend: _____-_____

egal: _____-_____

Idee: _____-_____

Dialog: _____-_____-_____

Ruine: _____-_____-_____

19 Neue Möglichkeiten

Bei einigen deutschen Wörtern und bei vielen Fremdwörtern wurde bisher gegen
die üblichen Sprechsilben getrennt. Diese Worttrennungen sind zukünftig nicht
falsch; richtig ist aber auch die Trennung nach Sprechsilben.

19.1 Ergänzen Sie selbstständig die neuen Worttrennungen.

Bisher nur so:	Zukünftig auch:
war- um	_____
her- um	_____
wor- an	_____
dar- um	_____
voll- en- den	_____
In- ter- es- se	_____
Päd- ago- gik	_____
Pu- bli- kum	_____
Fe- bru- ar	_____
Di- plom	_____

Die neuen Regeln im Bereich der Zeichensetzung

Weitgehend identisch sind die alten und die neuen Regeln, wann ein Punkt, ein Semikolon, ein Doppelpunkt, ein Gedankenstrich, wann Klammern und wann Anführungszeichen zu setzen sind. – Die Neuerungen betreffen die *Kommas*.

20 Komma bei der direkten Rede (Angabe des Sprechers)

Die amtlichen Regelungen von 1996 haben eine Kommaregel neu eingeführt. Sie betrifft die Sprecherangabe bei der direkten Rede.

Sprecher der direkten Rede

Wenn die direkte Rede mit einem Fragezeichen oder einem Ausrufezeichen endet und dann der Sprecher angegeben wird, folgen drei Satzzeichen aufeinander: ?", und !",

Beispiele: „Wie geht es Ihnen?", fragte mich eine Kollegin.
„Danke gut!", antwortete ich.

Übungen

20.1 Ergänzen Sie alle fehlenden Anführungszeichen und Kommas.

Nach dem Urlaub sprechen zwei Kollegen miteinander.

Wie war es auf Ibiza?   fragte mich Frau Müller.

Ganz prima!   antwortete ich.

Wie war das Wetter?   wollte sie wissen.

Gut natürlich! Drei Wochen nur Sonnenschein!   sagte ich   Sie sollten auch mal nach Ibiza fahren.

Wie sind denn die Preise?   fragte Frau Müller.

Flug, Hotel, Halbpension sind nicht sehr teuer,   erzählte ich.

Und der Rest?

Das kommt auf Sie an!   sagte ich.   Je nach Ihren Ansprüchen …

20.2 Ebenso.

Weißt du, Peter? sagte meine Frau   morgen Abend kommen unsere Nachbarn zu Besuch.

Getränke habe ich schon gekauft! sagte ich. Wein zum Essen und für später Bier.

Soll ich zunächst eine Suppe servieren? fragte meine Frau.

Abends eine Suppe? ich hatte Bedenken.   Wie wäre es mit einer Fischplatte?

Mögen unsere Nachbarn eigentlich Fisch? fragte meine Frau.

Bestimmt! sagte ich.   Außerdem kannst du eine Platte mit Wurst und kaltem Fleisch auf den Tisch stellen. Dazu verschiedene Brotsorten und zum Schluss Käse.

Ich glaube auch, so könnte es gehen! sagte meine Frau und fuhr fort:

Zum Bier gibt es dann Nüsse und Kartoffelchips. Gegen 11 Uhr biete ich noch einen leckeren Kartoffelsalat mit Würstchen an.

Das ist eine gute Idee! sagte ich.

21 Neue Möglichkeiten

Als Ausländer kann man sich kaum vorstellen, wie wichtig im Deutschunterricht seit Jahrzehnten das Lernen der Kommaregeln war. Die Fähigkeit, alle Kommas richtig nach den Regeln setzen zu können, war Zeichen guter Schulbildung und immer ein (sehr wichtiges) Kriterium bei der Bewertung von Prüfungsarbeiten. Es gab bis zur Rechtschreibreform etwa 50–70 Kommaregeln, je nachdem, welche Einzelheiten und Ausnahmen man als eigene Regel zählt.

Die Kommaregeln werden unterschiedlich häufig angewendet. Die Rechtschreibreform hat im Prinzip nur die häufigsten Kommaregeln weiterhin gelten lassen und den großen Rest abgeschafft.

Die am häufigsten angewendete Kommaregel ist: **Das Komma steht zwischen den Teilsätzen eines Ganzsatzes.**

Selbst diese wichtigste aller Kommaregeln wurde eingeschränkt: Teilsätze, die aufeinander folgen, werden wie aufgezählte Satzteile behandelt. Zwischen aufgezählten Satzteilen, die mit *und* oder *oder* verbunden sind, steht kein Komma: Entsprechend braucht auch kein Komma zwischen Teilsätzen zu stehen, wenn sie mit *und* oder *oder* verbunden sind.

Hinweis: *Sondern, aber, jedoch* drücken einen Gegensatz aus. Vor diesen Konjunktionen steht auch zukünftig ein Komma.

Eine andere sehr häufig angewendete Kommaregel ist, dass der erweiterte Infinitiv mit *zu* durch Komma abgetrennt wird. Auch diese Kommaregel ist aufgeweicht worden.

Neue Möglichkeiten, ein Komma zu setzen oder das Komma wegzulassen, gibt es auch bei den „Wortgruppen" und den „formelhaften" Nebensätzen:

Wortgruppen, formelhafte Nebensätze

– Bei einigen Wortgruppen kann man ein Komma einfügen:
angenommen(,) dass
ausgenommen(,) wenn
geschweige(,) denn
je nachdem (,) ob
vorausgesetzt (,) dass

Beispiel: Morgen fahren wir an die See, ausgenommen(,) wenn es regnet.
… vorausgesetzt(,) dass das Wetter gut ist.

– Bei formelhaften (verkürzten) Nebensätzen kann man das Komma zukünftig weglassen.

Beispiele: Ich bin(,) wie bereits gesagt(,) vom 1.–8. August in Berlin.
Sie können mich(,) wenn nötig(,) im Hotel anrufen.

Komma (Die wichtigsten Regeln)

Teilsätze

Das Komma steht zwischen den Teilsätzen eines Ganzsatzes.
> Wenn das Wetter schön ist, fahren wir am Wochenende an die See.
> *(1. Teilsatz)*   *(2. Teilsatz)*
> Wir glauben, dass wir dort viel Spaß haben.
> *(1. Teilsatz)*   *(2. Teilsatz)*

Das Komma braucht nicht zwischen Teilsätzen zu stehen, die mit *und, oder* ... verbunden sind.
> Ich mache eine Wanderung(,) und meine Frau sonnt sich am Strand.
> *(1. Teilsatz)*   *(2. Teilsatz)*

Eingeschobener Teilsatz

Das Komma steht vor und hinter dem eingeschobenen Teilsatz.
> Nach jedem Wochenende, das wir an der See verbringen, sind wir gut erhohlt.
> *(eingeschobener Teilsatz)*

Sprecherangabe

Das Komma steht nach der direkten Rede vor der Angabe des Sprechers zu-sätzlich nach Fragezeichen/Ausrufezeichen und Anführungszeichen.
> „Hast du das schicke Segelboot gesehen?", fragte ich.

Aufzählungen

Das Komma steht (statt *und*) zwischen aufgezählten Wörtern und Wort-gruppen.
> Übernachtung, Frühstück und Abendbrot in der Pension sind preiswert.

sondern...

Das Komma steht immer vor *sondern, jedoch, aber*.
> Wir fahren nicht um 9 Uhr los, sondern erst etwas später.

Zusätze, Erläuterungen

Das Komma steht vor Zusätzen und nachträglichen Erläuterungen, be-sonders wenn sie mit *zum Beispiel, und zwar, nämlich, insbesondere* einge-leitet werden.
> Wir fahren gern an die See, zum Beispiel nach Juist oder Norderney.

Erweiterte Infinitive

Das Komma kann den erweiterten Infinitiv mit *zu* abtrennen, besonders um Missverständnissen vorzubeugen.
> Wir beeilten uns(,) um rechtzeitig loszufahren.

Abschlusstest

Alle folgenden Texte sind nach der alten Orthographie geschrieben.

a) *Unterstreichen Sie die Wörter und Satzzeichen, die nach den neuen Regeln anders geschrieben werden (oder werden können).*

b) *Schreiben Sie die Wörter in der neuen Rechtschreibung neben den Text. (Bei Satzzeichen bitte auch das Wort vor dem Satzzeichen.)*

1. Wieviel Geld geben die Deutschen für den Sport aus?

Etwa 35 Millionen Euro geben die sporttreibenden Deutschen _____

jährlich unmittelbar für ihre Aktivitäten aus. Dazu kommen _____

nach einer Münchner Studie noch einmal etwa 31 Milliarden _____

an Ausgaben, die durch den Sport mittelbar beeinflußt sind. _____

Im einzelnen werden genannt: Neben den Ausgaben für _____

Bekleidung und Ausrüstung ist der Sport auch Anlaß, viele _____

Ausflüge und Reisen zu unternehmen. Damit hat er Auswir- _____

kungen auf die Umsätze der Reiseveranstalter, des Handels, _____

der Gastronomie und der Hotellerie. Allein diese Ausgaben _____

betrugen mehr als 8 Milliarden Euro. Schließlich wirken sich _____

Bau und Erhaltung von Sportanlagen positiv auf die Umsätze _____

des Baugewerbes aus, und es wurden fast 4 Milliarden Euro _____

dafür aufgewendet. Im ganzen hängen vom Sport etwa 1 _____

Million Arbeitsplätze ab. _____

   Zahl der Änderungen: _____

2. Ein Brief

Liebe Tante Stefanie, _____

es tut mir wirklich leid, daß ich Dich vor meiner Abreise nach _____

Paris nicht mehr erreichen konnte. _____

Inzwischen bin ich in Paris angekommen, und unsere Reise- _____

gruppe bewohnt ein schönes Hotel in der Nähe des Boule- _____

_____ vard Clichy. Ich muß sagen, Du hast recht, daß Paris eine

_____ wunderschöne Stadt ist. Als erstes werden wir morgen vor-

_____ mittag eine Stadtrundfahrt machen. In den nächsten Tagen

_____ fahren wir auch nach Versailles.

_____ Am nächsten Wochenende bin ich wieder zu Hause, und ich

_____ werde Dir ausführlich über die Reise nach Paris berichten.

_____ Herzliche Grüße

        Zahl der Änderungen: _____

3. Deutsche Lehrer können alles …

_____ Wußten Sie, daß die deutschen Lehrer nicht nur die Jugend

_____ erziehen, sondern auch das Land regieren? 19 Prozent der

_____ 672 Abgeordneten im Deutschen Bundestag sind Lehrer! Mit

_____ Richtern, Offizieren, Professoren, Lehrern und Angestellten

_____ stellt der öffentliche Dienst 45 Prozent der Abgeordneten, so

_____ daß diese Gruppe über die Parteigrenzen hinweg die Mehr-

_____ heit hat. Nur noch jeder achte kommt aus einem freien Beruf

_____ – 1990 war es noch jeder siebte. Im übrigen gilt das auch für

_____ Unternehmer, selbständige Handwerker und Landwirte. Ihr

_____ Anteil ist auf 9 Prozent gesunken, so daß wichtige Bevölke-

_____ rungsgruppen deutlich unterrepräsentiert sind.

        Zahl der Änderungen: _____

4. Wer zuletzt lacht ...

4.1 Bei Müllers klingelt das Telefon. Herr Müller nimmt den   _____

Hörer ab.   _____

„Ist Ihre Tochter zu Hause?" fragt eine jugendliche Stimme.   _____

„Das tut mir leid, ich soll Ihnen sagen, daß sie nicht da ist."   _____

„So, so!" meint der schlagfertige junge Mann, „dann richten   _____

Sie ihr bitte aus, dass ich nicht angerufen habe!"   _____

4.2 Der Lehrer hat Michael nach Hause geschickt. Die er-   _____

staunte Mutter telefoniert mit dem Lehrer und bittet ihn, ihr   _____

den Grund zu sagen.   _____

„Ihr Sohn hat gesagt, daß seine Schwester die Röteln hat.   _____

Das ist eine ansteckende Krankheit!" erklärt ihr der Lehrer.   _____

„Das ist richtig, aber seine Schwester wohnt in Australien!"   _____

    Zahl der Änderungen: _____

Lösungen

1.1
der Biss (kurz), blass (kurz), das Fass (kurz), der Fluss (kurz), der Fuß (lang), das Gefäß (lang), gemäß (lang), gewiss (kurz), groß (lang), der Gruß (lang), der Kongress (kurz), der Reisepass (kurz), der Prozess (kurz), das Schloss (kurz), der Schluss (kurz), der Stress (kurz).

1.2
die Geldbuße (lang), die Größe (lang), das Interesse (kurz), die Kasse (kurz), die Klasse (kurz), die Masse (kurz), die Messe (kurz), die Presse (kurz), die Straße (lang), die Tasse (kurz).

1.3
Isst – isst – Muss – müssen – mussten – gewusst – wissen – wussten – wisst

1.4
Beschluss – dass – eingießen – Tasse – Süßigkeiten – Kissen – bisschen – Spaß – schließen – nass – Grüßen.

2.1
Schifffahrt – Kongressstadt – Kunststofffolie – Kontrolllampe.

2.2
Fußballländerspiel – Gewinnnummern – Brennnessel – Balletttänzerin

3.1
zwei Mäuse – zwei Fässer – zwei Fahrräder – zwei Kästen

3.2
ein Quäntchen – eine Gämse – sich schnäuzen – die Gräuel – überschwänglich – belämmert

4.1
der Föhn – die Raufasertapete – nummerieren – stoppen – tippen – der Erstplatzierte – tollpatschig – frittieren – Karamellpudding

5.1
das Getto, der Jogurt, das Känguru, der Katarr, der Panter, die Spagetti, der Tunfisch

5.2
der Delfin, die Grafik, das Megafon, der Paragraf, die Fantasie

5.3
das Dekolletee, das Negligee, das Exposee, das Varietee

5.4
differenziell – existenziell – potenziell – substanziell

Test 1
a) wässrig – es floss – gewusst – gewiss, Gewissheit – er isst – Schluss – Schloss – biss zu – Hundebiss, ein bisschen überschwänglich – Gräueltaten nummerieren – raue Wand – Platzierung – Tipp, Stopp

b) Spaghetti/Spagetti – Phantasie/Fantasie – selbständig/selbstständig – Joghurt/Jogurt – Paragraph/Paragraf – Exposé/Exposee

6.1
ein Kugelschreiber – dieser Kugelschreiber – mein Kugelschreiber – kein Kugelschreiber – jeder Kugelschreiber – der neue Kugelschreiber

6.2

eine Vase – diese Vase – ihre Vase – alle Vasen – ein paar Vasen – die schöne Vase

6.3

ein Glas – dieses Glas – sein Glas – einige Gläser – viele Gläser – das volle Glas

7.1

im Allgemeinen – im Folgenden – im Übrigen – im Einzelnen – im Wesentlichen – vielen Dank im Voraus – etwas Ähnliches vorschlagen – jeder Beliebige – es ist wohl das Beste – jeder Einzelne kann helfen – aufs Ganze gehen – bis ins Kleinste vorbereitet – alles Mögliche versuchen – es aufs Neue probieren – aus dem Vollen schöpfen – des Weiteren

7.2

etwas anderes – ein bisschen – ein paar Bekannte – am meisten – die vielen – jeder andere – das wenige

8.1

der Erste sein (allein) – der Erste des Monats (allein) – als Erster fertig sein (allein) – im ersten Stock wohnen (vor Subst.) – die erste Klasse (vor Subst.) – fürs Erste genug (allein)

8.2

jeder Zweite (allein) – aus zweiter Hand (vor Subst.) – die zweite Stimme (vor Subst.) – zum Zweiten (allein) – an zweiter Stelle (vor Subst.)

8.3

das nächste Mal (vor Subst.) – mein Nächster (allein) – der Nächste, bitte (allein) – das Nächste wäre (allein) – etwas als Nächstes tun (allein)

8.4

der letzte Schrei (vor Subst.) – die letzte Ehre (vor Subst.) – zum letzten Mal (vor Subst.) – als Letzter fertig sein (allein) – der Letzte sein (allein) – das ist das Letzte (allein)

9.1 / 9.2

Mir ist angst und bange.
Ich bin es jetzt leid.
Die Firma war schon lange pleite.
Das ist mir durchaus recht.
Mein Bruder war an allem Unglück schuld.

10.1

vorgestern Morgen – morgen Vormittag – Morgen Abend – übermorgen Mittag – übermorgen Abend

10.2

auf Englisch – auf Japanisch – auf Deutsch

11.1

für Ihren Brief – danke ich Ihnen – dass Sie – Ich werde Sie – an Ihre Gattin

11.2

für deinen Brief – danke ich dir – dass du – Ich werde dich – an deine liebe Frau

Test 2

ein (unbest. Art.) richtiges (Adj.)
kein (sonstiges Pronomen)
die (best. Art.) volle (Adj.)
die (best. Art)
einen (unbest. Art.)
unser (Possessivpron.)
Diese (Demonstrativpron.)
der (best. Art.) deutsche (Adj.)
im (best. Art. mit Präp. verschmolzen)
die (best. Art.) erste (Adj.)
Kein (sonstiges Pron.)
Im (best. Art. mit Präp. verschmolzen)
Im (best. Art. mit Präp. verschmolzen)
der (best. Art.)

12.1
Zwei Substantive: Wohn/wagen, Kamin/holz, Garten/pflanzen, Schlauch/boot, Kinder/wagen, Braut/kleid.
Drei Substantive: Zwillings/kinder/wagen, Küchen/eck/bank, Leder/reit/stiefel, Dach/gepäck/träger, Wohn/zimmer/schrank.

13.1
Dienst habende Apotheke, Leid tun, Erdöl exportierenden Länder, Krebs erregende Stoffe, zunächst Probe fahren, Computer geschrieben, Vertrauen erweckender Verkäufer

13.2
werden getrennt geschrieben, kennen lernen, kennen gelernt?, spazieren gehen, spazieren gegangen, liegen lassen, liegen lassen

13.3
schlecht gehen, schlechter gehen, sehr schlecht gehen – leicht machen, leichter machen, sehr leicht machen – gut gemeinter Vorschlag, sehr gut gemeinter Vorschlag – übel nehmen, sehr übel nehmen – allein erziehende Mutter, ganz allein erziehende Mutter – neu eröffnet, ganz neu eröffnet

13.4
fertig gestellt – deutlich machen – übrig gelassen – ruhig bleiben

13.5
überhand genommen – zunichte gemacht – zugute kommen – vorwärts gehen – abseits stehen

13.6
vorbei sein – dabei sein – da gewesen – zurück sein – hier sein

3.7
(1) Das Schlangestehen – (2) Das Spazierengehen – (3) Das Übriglassen – (2) Das Ruhenlassen – (1) Das Autofahren – (5) Das Vorhandensein – (3) Das Saubermachen – (3) Das Auswendiglernen

14.1
ernst gemeinter Rat, sehr ernst gemeinter Rat – Mecklenburg ist eine schwach bevölkerte Gegend, eine sehr schwach bevölkerte Gegend – ein schwer erziehbares Kind, ein sehr schwer erziehbares Kind – Der Chef ist heute gut gelaunt, besser gelaunt, sehr gut gelaunt – Dieser Satz ist schwer verständlich, sehr schwer verständlich – Mein Vater ist schwer krank, sehr schwer krank

15.1
Wie viele Gäste – So viele – Genauso viele – Zu viele – viel zu viele Getränke

15.2
Wie lange – So lange – Ebenso lange – Zu lange – viel zu heiß – Wie oft – Wie weit

16.1
3-silbiges Wort, 100-prozentige, 80er Jahre, 8-stündiger Arbeitstag, 14-tägige Urlaubsreise, 500stel Sekunde

17.1
auf Seiten / aufseiten, von Seiten / vonseiten, außer Stande / außerstande, mit Hilfe / mithilfe, zu Grunde gehen / zugrunde gehen, zu Gunsten von / zugunsten von, zu Mute sein / zumute sein, zu Schulden kommen lassen / zuschulden kommen lassen, etwas zu Stande bringen / etwas zustande bringen, in Stand setzen / instand setzen, zu Leide tun / zuleide tun, zu Lasten von / zulasten von

Test 3

a) fern/sehen: nein – Ich habe ferngesehen.
fern/liegen: ferner liegen – Es hat mir fern
gelegen.
bekannt/machen: bekannter machen – Es
wurde bekannt gemacht.
nahe/bringen: näher bringen – Ich habe es
ihm nahe gebracht.
fest/halten: fester halten – Wir haben daran
fest gehalten.
tot/schlagen: nein – die Fliege totschlagen
leicht/fallen: leichter fallen – Das wird dir
bestimmt leicht fallen.
wieder/holen: nein – alle Vokabeln wiederholen
hoch/rechnen: nein – die Teilergebnisse
hochrechnen
genau/nehmen: noch genauer nehmen – es
mit allen Einzelheiten sehr genau nehmen
gut/schreiben (anrechnen): nein – eine
Prämie gutschreiben
gut/schreiben (gute Handschrift haben):
besser schreiben – Er kann gut schreiben.
frei/sprechen (ohne Manuskript): freier
sprechen – Er kann frei sprechen.
frei/sprechen (für unschuldig erklären): nein
– den Angeklagten freisprechen
zufrieden/geben: zufriedener geben – Ich
werde mich damit zufrieden geben.

b) Der Brief ist Computer geschrieben. (1)
Die Verunglückten können einem Leid tun.
(1)
etwas Schönes geschenkt bekommen (2)
Wollen wir Tango tanzen? (1)
Nichts soll übrig bleiben. (3)
Ist Ihnen irgendetwas abhanden gekom-
men? (4)
ein Rat suchender Freund (1)
… das Vorwärtskommen seines
Sohnes. (6)
Viele Zuschauer sind dabei gewesen. (5)
das Saubermachen der Küche (6)
Wir werden die Küche sauber machen. (3)

18.1

Wüs- te, Mi- nis- ter, Tou- ris- ten, pro- tes- tie-
ren, Res- tau- rant, Fens- ter, Tes- ta- ment

18.2

E- cken, De- cke, Da- ckel, Schne- cke, Glocken, Brü- cke, Zu- cker, schmü- cken

18.3

A- bend, e- gal, I- dee, Di- a- log, Ru- i- ne.

19.1

wa- rum, he- rum, wo- ran, da- rum, vol- len-
den, In- te- res- se, Pä- da- go- gik, Pub- li-
kum, Feb- ru- ar, Dip- lom

20.1

„Wie war es auf Ibiza?", fragte … „Ganz prima!", antwortete ich. „Wie war das Wetter?",
wollte sie wissen. „Gut … Schonnenschein!",
sagte ich, „Sie … fahren." „Wie sind denn die
Preise?", fragte Frau Müller. „Flug … teuer",
erzählte ich. „Und der Rest?" „Das … an!",
sagte ich. „Je … Ansprüchen …"

20.2

„Weißt du, Peter?", sagte meine Frau, „morgen
… Besuch." „Getränke … gekauft!", sagte ich.
„Wein … Bier." „Soll … servieren?", fragte
meine Frau. „Abends eine Suppe?", ich hatte
Bedenken. „Wie wäre es mit einer Fischplat-
te?" „Mögen … Fisch?", fragte meine Frau.
„Bestimmt!", sagte ich. „Außerdem … Käse."
„Ich … gehen!", sagte meine Frau und fuhr fort:
„Zum … an." „Das ist eine gute Idee!", sagte
ich.

Abschlusstest

1. Wie viel Geld – Sport treibenden – beein-
flusst – Im Einzelnen – Anlass (kein Komma) – aus (kein Komma) – Im Ganzen
Änderungen: 8

2. Es tut mir wirklich Leid – dass – dich –
angekommen (kein Komma) – Ich muss –
du – Recht – dass – als Erstes – morgen
Vormittag – Hause (kein Komma) – dir
Änderungen: 12

3. Wussten – dass – sodass – jeder Achte –
jeder Siebte – Im Übrigen – selbstständige
– sodass   Änderungen: 8

4.1 Hause?", – Leid – dass – so!", – dass

4.2 ihn (eventuell kein Komma) – dass –
Krankheit!",   Änderungen: 8